Amor Revelado

Barbara Bolivar

Print information available on the last page

Rev. date: 05/30/2019

To order additional copies of this book, contact:
Xlibris
1-888-795-4274
www.Xlibris.com
Orders@Xlibris.com

Dedicado a Dios, amigos, familia y
especialmente a mis nietos Angel
y Elon Serrano. Los amo a todos
hasta la luna y de vuelta.

Erase una vez, Mia conoció a Jesús.

¡De inmediato, ella lo amaba tanto!

Ella no sabía que Dios ya tenía un plan para ella, antes de que ella naciera. Pronto descubrió que estaba aquí en la tierra para compartir el amor de Dios con personas de todo el mundo.

Mia comenzó a dar pequeños pasos de fe y comenzó su viaje a Nicaragua, Filipinas y México. Amaba a las naciones, a la gente, y la cultura.

Mexico

Nicaragua

Philippines

Cuando Mia estaba cerca de los niños y sus familias, sintió alegría, paz y supo que Dios estaba moviendo su corazón por las personas de todo el mundo.

Ella comenzó a pensar: "¿Cómo puedo compartir el amor de Jesús con otros en todo el mundo?"

Mientras estaba en Filipinas terminando un viaje misionero, Mia escuchó la voz de Jesús que decía: "Ahora Perú". Mia pronto descubrió que Jesús le estaba diciendo que fuera a la tierra donde nació.

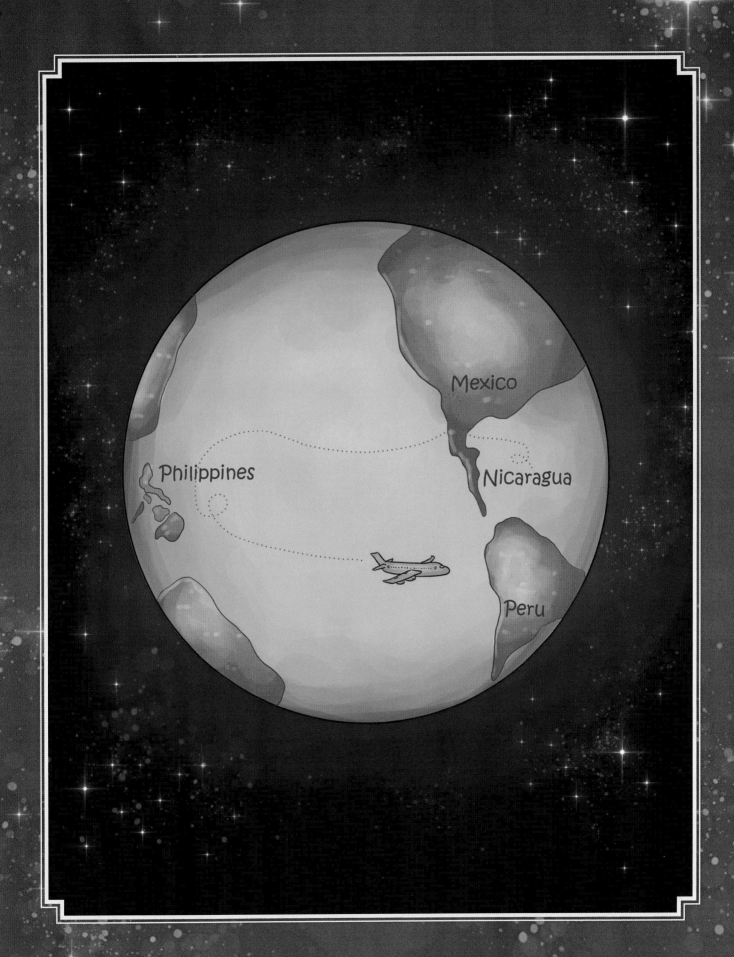

Pero su corazón se sintió muy triste porque esto significaba que dejaría a sus hijos, nietos, familia y amigos para compartir el amor de Dios con los demás.

Mia comenzó a orar a Jesús. Ella sabía que Jesús cuidaría de su familia y amigos. Mientras leía la Biblia y oraba, sintió amor, alegría y paz.

Mia sabe que no importa lo lejos que esté de su familia y amigos, su amor siempre los mantendrá unidos. Mia decidió obedecer a Jesús.

Jesús habla, y Mia le sigue.

¿Alguna vez has invitado a Jesús a tu corazón?

Puedes simplemente orar: "Jesús, entra en mi corazón; perdóname por todos mis pecados. Sé el Rey de mi corazón y muéstrame cómo obedecerte. Amén".

Romanos 10: 9

Printed in the United States
By Bookmasters